AF451899

OFFICE

DE

SAINTE GENEVIÈVE.

OFFICE

DE

SAINTE GENEVIÈVE,

PATRONNE DE PARIS ET DU ROYAUME.

NOUVELLEMENT REDIGÉ

PAR UN MISSIONNAIRE DE FRANCE.

PARIS,

IMPRIMERIE ECCLÉSIASTIQUE DE BEAUCE-RUSAND

HÔTEL PALATIN, PRÈS SAINT-SULPICE.

1823.

SAINTE GENEVIÈVE,

VIERGE,

PATRONNE DE PARIS ET DU ROYAUME.

ANNUEL.

AUX PREMIÈRES VÊPRES.

Les Psaumes de la Férie.

1. D. *Ant.* Louez le Seigneur notre Dieu, qui a accompli par sa servante ses desseins de miséricorde.

2. D. *Ant.* Comme son père et sa mère étoient justes, ils avoient instruit leur fille selon la loi de Dieu.

5. C. *Ant.* Je bénirai le nom du Seigneur : lorsque j'étois encore jeune, j'ai cherché la sagesse dans ma prière avec grande instance ; je l'ai demandée à Dieu dans le Temple.

1. D. *Ant.* Laudate Dominum Deum, qui in ancillâ suâ adimplevit misericordiam suam *Jud.* 13.

2. D. *Ant.* Parentes illius cùm essent justi, erudierunt filiam suam secundùm legem. *Dan.* 13.

5. C. *Ant.* Benedicam nomini Domini ; adhuc junior quæsivi sapientiam palàm in oratione meâ, antè templum postulabam pro illâ. *Eccli.* 51.

3. A. *Ant.* Ingressus sum pactum tecum, ait Dominus; facta es mihi : ornavi te, et dedi torquem circà collum tuum. *Ezech.* 16.

Ant. 6. F. Exultabit anima mea in Deo meo, quia induit me quasi sponsam ornatam monilibus suis. *Isaie.* 61.

3. A. *Ant.* J'ai fait alliance avec vous, dit le Seigneur, vous êtes devenue comme une personne qui est à moi. Je vous ai parée des ornemens les plus précieux, et vous ai mis un collier autour du cou.

6. F. *Ant.* Mon âme sera ravie d'allégresse dans mon Dieu, parce qu'il m'a revêtue comme une épouse parée de toutes ses pierreries.

CAPITULE. *Isaie* 41.

Ego Deus tuus, confortavi te, et auxiliatus sum tibi, et suscepit te dextera justi mei.

℞. Fecit quod placuit Deo ; * et † fortiter ivit in viâ, quam mandavit illi Propheta magnus et fidelis in conspectu Dei.

℣. Dominus aperuit cor ejus intendere his quæ dicebantur. * Et fortiter. Gloria. † Fortiter. *Eccl.* 48. *Act.* 16.

Je suis votre Dieu, je vous ai fortifiée, je vous ai secourue, et le juste que je vous ai envoyé vous a prise de sa main droite.

℞. Elle fit ce qui étoit agréable à Dieu; elle marcha courageusement dans la voie que lui avoit recommandée un grand prophète et fidèle aux yeux du Seigneur.

℣. Le Seigneur lui ouvrit le cœur pour entendre avec soumission ce qu'il lui disoit. * Elle marcha. Gloire. † Elle marcha.

Hymne.

Quels chants de joie se font entendre dans les Cieux ? Français, c'est la naissance de la protectrice de votre Empire qu'ils célèbrent : accourez tous et joignez vos voix à celles des Bienheureux pour chanter à l'envi ses louanges.

Dès ses premières années victime dévouée à J. C. elle lui consacre sa virginité ; embrâsée d'un feu tout divin, elle ne soupire plus qu'après les noces de l'Agneau.

Ses désirs ne seront pas trompés, un Pontife saint, poussé par une inspiration céleste, arrive pour présider à cette auguste alliance ; soyez fidèle, lui dit-il, à votre Epoux, et recevez de ma main ces gages qu'il vous donne de sa tendresse.

Heureuse Epouse ! loin du tumulte du monde, vous ne vivez que de l'amour qui vous transporte pour votre Dieu,

Quæ tanta Cœlo gaudia personant ?
Patrona Franci nascitur Imperî,
Adeste, cives, æmulosque
Cœlicolis sociate cantus.

Primis sub annis virgineum decus
Devota Christo consecrat hostia,
Piisque flammis incalescens
Jam thalamos meditatur Agni.

Nec vota fallunt : pronubus advenit
Afflatus almo numine Pontifex,
Sis fida, dixit; nuptiales
Mittit amans tibi Christus arrhas.

O Sponsa felix ! dum strepitu procul
Mentem supernis pascis amoribus,

Te sponsus æternis vi-
　　cissim
Deliciis Deus ipse pas-
　　cit.

Supplex ad aras, et
　　dapis　immemor,
Somnique　sacro nec-
　　tare vesceris,
Mutare viles quàm ju-
　　varet
Arce Poli meliore ter-
　　ras!

Arcere Templo te,
　　genitrix, parat,
Feritque durâ nil me-
　　ritam manu;
Fit　orba lucis, mox
　　ademptum
Restituis, pia nata,
　　lumen.

Laus summa Patri,
　　summaque Filio;
Tibique compar, glo-
　　ria, Spiritus,
Quo　plena concepit
　　medullis
Virgineas　Genovefa
　　flammas. Amen.

℣. Domine, spes
mea à juventute meâ.
℟. In te cantatio mea
semper. *Ps.* 70.

qui de son côté vous fait
goûter des délices pures
et éternelles.

Prosternée au pied des
autels, oubliant tous les
besoins du corps, la prière vous tient lieu de nourriture et de sommeil : ah
qu'il vous scroit doux de
quitter cette misérable
terre pour voler à l'heu-
reux séjour des Saints !
Une mère barbare
veut vous éloigner du
Temple, et vous frappe
d'une main injuste et sa-
crilège : son impiété est
bientôt punie, elle perd
la vue; mais vous la lui
rendez par un miracle
qu'obtient votre amour
filial.
Gloire soit au Père,
gloire soit au Fils, gloire
soit à vous Esprit Saint
dont le soufle a allumé
dans le cœur de Geneviè-
ve la flamme d'un amour
pur et céleste.

℣. Seigneur, vous êtes
mon espérance dès ma
jeunesse. ℟. Vous avez
toujours été le sujet de
mes Cantiques.

A MAGNIFICAT.

4. D. *Ant.* Quoiqu'elle fût fort jeune, elle ne fit néanmoins rien paraître dans toutes ses actions qui tînt de l'enfance : elle alloit au Temple où elle adoroit le Seigneur son Dieu, et faisoit d'autres actions semblables conformément à la loi de Dieu.

4. D. *Ant.* Cùm esset junior, nihil tamen puerile gessit in opere; pergebat ad Templum, et ibi adorabat Dominum Deum; et similia secundùm legem Dei observabat. *Tob.* 1.

L'Oraison comme à Laudes.

A COMPLIES.

2. A. *Ant.* Je suis à mon Bien-aimé, et son cœur se tourne vers moi.

2 A. *Ant.* Ego dilecto meo, et ad me conversio ejus. *Cantic.* 7.

HYMNE Mundi salus, *avec la doxologie suivante à toutes les heures jusqu'à l'*Epiphanie.

Jésus époux éternel des Vierges, et qui naissez d'une Mère Vierge, gloire vous soit rendue, avec le Père et le Saint-Esprit. Amen.

ÆTERNE Sponse Virginum,
De Matre nascens Virgine,
Cum Patre, cumque Spiritu,
Jesu tibi sit gloria.
Amen.

A NUNC DIMITTIS, *Ant.* 3. *E.*

J'entends la voix de mon Bien-aimé qui frap-

Vox dilecti mei pulsantis : aperi mihi soror mea ; immaculata mea. *Cant.* 5.

pe, ouvrez-moi, ma sœur, vous qui êtes mon épouse sans tache.

A LAUDES.

Psaumes du Dimanche.

1. A. *Ant.* Properans deprecari pro Populis , proferens servitutis suæ scutum orationem allegans , restitit iræ , et finem imposuit necessitati. *Sap.* 18.

1. A. *Ant.* Se hâtant d'intercéder pour le peuple, elle opposa à Dieu le bouclier de la prière : et son oraison montant vers le Seigneur , elle apaisa sa colère , et fit cesser la plaie qu'il avait envoyée.

5. C. *Ant.* Multi eorum qui habebant spiritus immundos , clamantes voce magnâ , exiebant ; paralitici et claudi curati sunt ; factum est ergò gaudium magnum in civitate. *Act.* 8.

5. C. *Ant.* Les esprits impurs sortaient des corps de plusieurs possédés, poussant de grands cris : beaucoup de paralitiques et de boiteux furent aussi guéris ; ce qui remplit la ville d'une grande joie.

4. E. *Ant.* Ecce puer mortuus jacebat, et oravit ad Dominum : oscitavit puer , aperuitque oculos. 4. *L. Reg.* 4.

4. E. *Ant.* Un enfant était étendu mort : elle pria le Seigneur , l'enfant bailla et ouvrit les yeux.

CANTIQUE. *Sap.* 16.

Pro tormentis benè disposuisti populum tuum, Domine : * Non

Au lieu des châtimens qu'ils avaient mérité, Seigneur, vous avez traité favorablement votre Peuple : * Votre colère n'a pas duré toujours.

Ils n'ont été que pour peu de temps dans le trouble pour leur servir d'avertissement : * Vous leur avez donné un signe de salut pour les faire souvenir des Commandemens de votre Loi.

Car celui qui y jetoit les yeux, n'était pas guéri parce qu'il voyait, * Mais par vous - même qui êtes le Sauveur de tous les hommes.

Vous avez fait voir en cette rencontre à nos ennemis * que c'est vous qui délivrez de tout mal.

Les dents même empoisonnées des Dragons n'ont pu vaincre vos enfans ; * Parce que votre miséricorde survenant les a guéris.

Ils étoient mordus de ces bêtes, afin qu'ils se souvinssent de vos préceptes, et ils étaient guéris à l'heure même ; * De peur que tombant dans un profond oubli ils ne missent un obstacle à votre secours.

in perpetuum ira permansit.

Sed ad correptionem in brevi turbati sunt : * Signum habentes salutis ad commemorationem mandati Legis.

Qui enim conversus est, non per hoc quod videbat , sanabatur , * Sed per te omnium Salvatorem.

In hoc autem ostendisti inimicis nostris , * Quia tu es qui liberas ab omni malo.

Filios tuos nec draconum venenatorum vicerunt dentes : * Misericordia enim tua adveniens sanabat illos.

In memoria enim Sermonum tuorum examinabantur, et velociter salvabantur, * Ne in altam incidentes oblivionem , non possent tuo uti adjutorio.

Etenim neque herba, neque malagma sanavit eos, * Sed tuus, Domine, sermo, qui sanat omnia.

Tu es enim, Domine, qui vitæ et mortis potestatem habes, * Et deducis ad portas mortis, et reducis. Gloria Patri, etc.

2. A. *Ant.* Qui viderunt opera Domini, clamaverunt ad Dominum cùm tribularentur, et de necessitatibus eorum eduxit eos. *Psal.* 106.

7. D. *Ant.* Similis nobis passibilis oravit : et Cœlum dedit pluviam et terra dedit fructum suum. *Jac.* 5.

Aussi ce n'est point une herbe ou quelque chose appliquée sur leur mal qui les a guéris, * Mais c'est votre parole, Seigneur, qui guérit toutes choses.

Car c'est vous, Seigneur, qui avez la puissance de la vie et de la mort ; * Qui menez jusqu'aux portes de la mort et en ramenez. Gloire, etc.

2. A. *Ant.* Ayant vu ce qu'avait fait le Seigneur, ils crièrent vers lui du milieu de leur affliction, et il les tira de l'extrémité où ils se trouvaient.

7 D. *Ant.* Sujète comme nous aux misères de la vie, elle pria : et le Ciel donna de la pluie, et la terre produisit son fruit

CAPITULE *Judith.* 15.

Benedixerunt eam omnes unâ voce dicentes : tu gloria Jerusalem, tu lætitia Israël, tu honorificentia Populi nostri.

Ils la bénirent tous d'une voix, en lui disant : vous êtes la gloire de Jérusalem ; vous êtes la joie d'Israël, vous êtes l'honneur de notre Peuple.

HYMNE.

Vierge-Sainte qui protégez la Nation française, quelle vertu, quelle puissance ne reçûtes-vous pas du Ciel ! Vous êtes devenue illustre par d'éclatans prodiges, lors même que vous habitiez sur la terre.

A votre ordre l'aveugle voit avec transport le boiteux qui marche d'un pas ferme : le muet est étonné de parler au sourd qui l'entend.

Une tendre mère pleuroit un fils que la mort venoit de lui enlever : vous étendez la main sur son cadavre ; aussitôt l'enfant ressuscite et se jète au coup de sa mère.

Bientôt le bruit de votre Nom porté sur les ailes de la renommée, vole d'une extrémité du monde à l'autre : Siméon du haut de sa colonne applaudit à votre gloire, et l'Univers entier y joint son suffrage.

Une famine cruelle, jointe hélas à une guerre

GALLICÆ Custos,
   Genovefa Gentis!
Quæ tibi virtus data,
   quæ potestas !
Signa te Francis decorant morantem
   Splendida terris.

IMPERAS ? Lætum pede cernit æquo
Cæcus exultans properare claudum :
Mutus et surdo stupet audienti promere
   voces.
MORTE præreptum genitrix puellum
Flebat : exanguem tua dextra tangit :
Redditur luci ; ruit in parentis
   Oscula natus.
CRESCIT hinc Nomen, vehiturque curru
Fama veloci geminos ad axes
Plaudit ex alto Simeon ; stylitæ
   Accinit Orbis.

HEU ! nimis longo sociata bello

En fames ægram popu-
    latur Urbem.
Diva quid cessas ?
    Periturus orat
    Pabula Civis.

Is per hostiles ani-
    mosa turmas,
Nec procellosum tre-
    pidas ad amnem
Virgo dux facti, re-
    vehisque dulces
    Civibus escas.

Subruit per te si-
    mulachra Divûm
Ponit et Christo Clo-
    doveus aras ;
Jamque calcato Jove,
    subdit Alto,
    Sceptra Tonanti.

Corda qui flectis,
    Deus alme, Re-
        gum
Ut lubet ; nostras tibi
    subde mentes :
Nos et æternas, ubi
    virgo regnat,
Transfer ad arces.
    Amen.

malheureusement trop longue, ravage Paris. Vierge-Sainte, l'abandonnerez-vous ? Le Citoyen qui va périr vous demande des alimens.

Pleine de courage, vous passez à travers les bataillons ennemis : un fleuve impétueux ne vous effraye pas, et vous mettant à la tête des plus hardis, vous apportez à des Citoyens affamés des alimens long - temps désirés.

C'est par vous que le grand Clovis brisant les statues de ses fausses Divinités, consacre des Temples à J. C. que foulant aux pieds Jupiter adoré jusqu'alors, il soumet la France au Dieu véritable.

O Dieu, qui savez dompter les cœurs des Rois, et les soumettre à votre empire, rendez-nous dociles à vos commandemens, pour nous transporter dans les Tabernacles éternels où règne la Vierge que nous honorons.

℣. C'est Dieu qui m'a revêtue de force.

℟. Et qui m'a fait marcher dans l'innocence.

℣. Deus præcinxit me virtute.

℟. Posuit immaculatam viam meam. *Psal.* 17.

A Benedictus.

6. E. *Ant.* Vous êtes bénie de notre Dieu dans toute la maison de Jacob, parce que le Dieu d'Israël s'est pour jamais glorifié en vous parmi tous les peuples qui entendront parler de votre nom.

6. E. *Ant.* Benedicta tu à Deo tuo in omni Tabernaculo Jacob : quoniam in omni gente quæ audierit nomen tuum, magnificabitur super te Deus Israël. *Judith.* 13.

Prions.

O Dieu, qui avez conduit Geneviève dès son enfance par les sentiers de la justice; et qui, pour les besoins de votre peuple, lui avez donné la gloire des miracles, conduisez-nous dans les sentiers de vos commandemens, afin que par son intercession, aidés de secours temporels, nous désirions de tout notre cœur les biens éternels. Par Jésus-Christ, votre Fils, no-

Oremus.

Deus, qui beatam virginem Genovefam ab infantiâ deduxisti per vias rectas, et eam miraculorum gratiâ in plebis tuæ præsidium decorasti; deduc nos in semitam mandatorum tuorum, ut auxiliis temporalibus, ipsâ intercedente, non destituti, bona æterna toto corde concupiscamus : per Dominum nostrum Jesum Chistum, etc.

tre Seigneur, qui étant
Dieu, etc.

Benedicamus Domi-
no, etc.

Bénissons le Seigneur,
etc.

A PRIME

1. A. *Ant.* properans,
etc.

1. A. *Ant.* Se hâtant
d'intercéder, etc.

CANON.

Ex Concilio Tridenti-
no. Anno 1563.
Sess. 25. *Decret. de
Venerat. et reliquiis
sanctorum.*

Mandat sancta Syno-
dus omnibus docendi
curam sustinentibus,
ut fideles diligenter
instruant, sanctorum
cum Christo viventium
sancta corpora, quæ viva
templa fuerunt Christi,
et templum Spiritûs-
Sancti, ab ipso ad æter-
nam vitam suscitanda
et glorificanda, à fide-
libus veneranda esse :
per quæ multa benefi-
cia à Deo hominibus
præstantur. Tu autem,
etc.

Du Concile de Trente.
Année 1563.
Sess. 25. *Décret tou-
chant le culte et les
reliques des saints.*

Le saint concile or-
donne à tous ceux qui
sont chargés de la fonc-
tion d'instruire, d'ap-
prendre soigneusement
aux fidèles que les corps
des saints qui règnent
avec JÉSUS-CRIST, qui
ont été les membres vi-
vans de JÉSUS-CHRIST,
les temples de l'Esprit-
Saint, sont dignes de
toute leur vénération,
comme devant ressusci-
ter à une vie immortelle
et glorieuse, et comme
les instrumens par les-
quels Dieu répand ses fa-
veurs sur les hommes.

A TIERCE.

Ant. 5. A. Les Esprits impurs, etc.

Ant. 5. A. Multi eorum, etc.

CAPITULE. *Act.* 5

On accouroit en foule des villes, amenant les malades et les possédés, et ils étoient guéris.

Concurrebat multitudo civitatum afferentes ægros et vexatos à spiritibus immundis, qui curabantur omnes.

℟. *Br.* Le seigneur éclaire ceux qui sont aveugles; * Il relève ceux qui sont brisés. Alleluia, alleluia. Le seigneur. ℣. il donne la nourriture à ceux qui ont faim. * Alleluia. Gloire. Le Seigneur.

℟. *Br.* Dominus illuminat cæcos, erigit elisos. * Alleluia, alleluia. Dominus. ℣. Dat escam esurientibus. * Alleluia. Gloria. Dominus. *Psal.* 145.

℣. Que les miséricordes du Seigneur soient le sujet de ses louanges. ℟. Qu'il soit loué des merveilles qu'il a faites en faveur des hommes.

℣. Confiteantur Domino misericordiæ ejus. ℟. Et mirabilia ejus filiis hominum. *Psal.* 105.

A LA MESSE.

INTROIT.

Vous m'avez tenu, Seigneur, par la main

Tenuisti manum dexteram meam, Domine,

et in voluntate tuâ deduxisti me , et cum gloriâ suscepisti me , Deus cordis mei, et pars mea Deus in æternum. *Psal.* Quàm bonus Israël Deus, * his qui recto sunt corde. Gloria. Tenuisti. *Ps.* 72.

droite, vous m'avez conduit selon votre volonté, et vous m'avez comblée de gloire , ô Dieu, qui êtes le Dieu de mon cœur, et mon partage pour toute l'éternité. *Ps.* Que Dieu est bon à Israël, et à ceux qui ont le cœur droit. Gloire. Vous m'avez tenu.

L'Oraison comme à laudes.

Lectio libri ecclesiastici. *Cap.* 58.

In diebus ipsis : ascendit Sennacherib, et extulit manum suam in Sion, et superbus factus est potentiâ suâ. Tunc mota sunt corda et manus ipsorum, et doluerunt quasi parturientes mulieres. Et invocaverunt Dominum misericordem , et expandentes manus suas, extulerunt ad cœlum, et sanctus Dominus Deus audivit citò vocem ipsorum : non est commemoratus peccatorum illorum , neque dedit illos inimicis suis.

Lecture du livre de l'Ecclésiastique.

De son temps, Sennacherib vint, étendit la main contre Sion; et sa puissance le remplit d'orgueil. Alors la frayeur leur saisit le cœur et les mains, ils furent agités comme une femme qui est dans les douleurs de l'enfantement. Ils invoquèrent le Seigneur plein de miséricorde , ils étendirent leurs mains, et les élevèrent au Ciel; et le Saint le Seigneur Dieu écouta bientôt leur voix. Il ne se souvint point de leurs péchés, ne les livra point à leurs ennemis.

GRADUEL.

Elle prioit le Seigneur, en disant : Seigneur assistez-moi dans l'abandon où je suis, puisque vous êtes le seul qui me puissiez secourir.

℣. Elle cria au Seigneur, et le Seigneur sauva son peuple, et le délivra de tous ses maux.

Alleluia, alleluia. ℣. On a rendu témoignage à ses bonnes œuvres, elle a secouru les affligés, elle s'est appliquée à toutes sortes d'exercices de piété.

Deprecabatur Deum, dicens : Domine adjuva me solitarium, cujus præter te nullus auxiliator alius. *Esth.* 15.

℣. Clamavit ad Dominum, et salvum fecit Dominus populum suum, liberavitque ab omnibus malis. *Esth.* 10. Alleluia, alleluia.

℣. In operibus bonis testimonium habens, tribulationem patientibus subministravit; omne opus bonum subsecuta est. Alleluia. 1. *Tim.* 5.

PROSE.

Vierge sainte, vous êtes la gloire de notre Patrie, l'espérance de la France, l'objet de la tendresse de Jésus-Christ, votre Epoux.

Guidé par une lumière divine et un instinct Prophétique, Germain vous consacre au Très-Haut.

Virgo decus patriæ,
Spes, salusque Galliæ,
Cara sponso virgini.

Dei ductus lumine
Germanus ex omine
Te consecrat numini.

PLEBI dum placas
Deum ,
In te virus impium ,
Livor edax explicat.

Tandis que vous n'êtes occupée qu'à attirer les faveurs de Dieu sur votre peuple, l'envie distile sur vous son poison.

DEPULSIS calumniis ,
Missis et Eulogiis.
Pontifex te vindicat.

Mais le saint Pontife repousse la calomnie et vange votre innocence en vous envoyant un signe honorable de communion.

HUNNUS ferox ululet,
Parisios advolet,
Mox repellis furias.

Qu'un Conquérant barbare fasse entendre ses hurlemens, qu'il vole vers Paris, vous rendez sa fureur impuissante.

FAME cives pereant ,
Tabe carnes ardeant ;
Clades sistis noxias.

Que la famine exerce ses ravages, qu'un feu brûlant dévore ses malheureuses victimes, vous faites cesser tous ces fléaux.

MUTUS voces elicit ,
Surdus audit , aspicit
Cœcus, claudus ambulat.
MORS tuis et nutibus
Subditur , corporibus
Fremens dæmon exulat.

A votre ordre le muet parle , le sourd entend, l'aveugle voit, le boîteux marche.
La mort elle-même reconnoît votre empire, et le démon frémissant de rage, est forcé de sortir des corps qu'il possédoit.

ÆSTUS agros torreat,
Imbre tellus madeat ,

Si une chaleur excessive brûle les campagnes ; si des pluies trop bondantes inondent nos sillons, on ne vous réclame jamais inutilement.

Obtenez-nous la pureté du cœur, la santé du corps et les délices de la vie future.

Ainsi-soit-il.

Præsens fers auxilium.

PER te menti caritas,
Corpori sit sanitas,
Sit perenne gaudium
Amen.

Suite du S. Evangile selon S. Matthieu.

Sequentia Sancti Evangelii secundùm Matthæum, C. 25.

En ce temps-là, Jésus dit à ses disciples cette parabole : le royaume des Cieux sera semblable à dix Vierges, qui ayant pris leurs lampes s'en allèrent au-devant de l'époux et de l'épouse. Il y en avait cinq d'entr'elles, qui étoient folles et cinq qui étaient sages. Mais les cinq folles ayant pris leurs lampes, ne prirent point d'huile avec elles. Les sages, au contraire, prirent de l'huile dans leurs vases et dans leurs lampes. Et comme l'époux tardait à venir, elles s'assoupirent toutes et s'endormirent. Mais sur le minuit

In illo tempore dixit Jesus discipulis suis parabolam hanc : simile erit regnum Cœlorum decem Virginibus, quæ accipientes lampades suas, exierunt obviàm sponso et sponsæ. Quinque autem ex eis erant fatuæ, et quinque prudentes : sed quinque fatuæ, acceptis lampadibus, non sumpserunt oleum secum : prudentes verò acceperunt oleum in vasis suis cum lampadibus. Moram autem faciente sponso, dormitaverunt omnes, et dormierunt : mediâ autem nocte , clamor factus est : ecce sponsus venit : exite obviàm ei. Tunc surrexerunt omnes virgines illæ, et ornaverunt lampades suas. Fatuæ autem sapientibus dixerunt : date nobis de oleo vestro , quia lampades nostræ extinguntur. Responderunt prudentes, dicentes : ne fortè non sufficiat nobis et vobis , ite potiùs ad vendentes , et emite vobis. Dùm autem irent emere , venit sponsus : et quæ paratæ erant, intraverunt cum eo ad nuptias , et clausa est janua. Novissimè verò veniunt et reliquæ Virgines, dicentes : Domine, Domine, aperi nobis. At ille respondens, ait : amen, amen dico vobis, nescio vos : vigilate itaque , quia nescitis diem neque horam.

Credo, etc.

on entendit un grand cri : voici l'époux qui vient; allez au-devant de lui. Aussitôt toutes ces Vierges se levèrent et préparèrent leurs lampes. Mais les folles dirent aux sages, donnez-nous de votre huile, parce que nos lampes s'éteignent. Les sages leur répondirent; de peur que ce que nous en avons ne suffise pas pour vous et pour nous, allez plutôt à ceux qui en vendent, et achetez-en ce qu'il vous en faut. Mais pendant qu'elles allaient en acheter, l'époux arriva, et celles qui étaient prêtes entrèrent avec lui aux noces, et la porte fut fermée. Enfin les autres Vierges vinrent aussi, et lui dirent : Seigneur, Seigneur, ouvrez-nous. Mais il leur répondit, je vous le dis en vérité, je ne vous connois point. Veillez donc, parce que vous ne savez ni le jour ni l'heure.

OFFERTOIRE.

Les noces de l'Agneau sont venues, et son épouse s'y est préparée. Heureux ceux qui ont été appelés au banquet des noces de l'Agneau.

Venerunt nuptiæ Agni, et uxor ejus præparavit se. Beati qui ad cœnam nuptiarum Agni vocati sunt. *Apoc.* 19.

SECRETE.

O Dieu qui êtes la récompense infiniment grande des Vierges, que Geneviève a choisi pour unique époux; recevez le sacrifice que nous offrons à votre majesté : afin qu'en annonçant la mort que votre Fils a soufferte dans son état d'infirmité, nous nous préparions à la gloire qu'il doit manifester en paroissant dans l'éclat de sa puissance.

Deus, Virginum merces magnanimis, cui soli elegit adhærere beata Genovefa ; ad preces ejus suscipe quod majestati tuæ offerimus sacrificium : ut qui Filii tui mortem quam in humilitate passus est, annuntiamus , gloriæ quam in virtute veniens manifestaturus est, præparemur ; Per eumdem.

PRÉFACE.

Il est vraiment digne et juste, il est équitable et salutaire, que nous vous bénissions, Seigneur, dans la solemnité de cette Vierge bienheureuse , que nous célé-

Verè dignum et justum est, æquum et salutare , te, Domine, in hâc beatæ Virginis tuæ solemnitate benedicere et mirabilem in Sanctâ tuâ prædicare : quæ hanc orationis et sacrificii domum, cui ædificandæ sedulò vivens incubuerat, miraculorum gloriâ post mortem clarificat. Te ergò Pater sancte, per Dominum nostrum Jesum Christum obsecramus, ut quam temporalia mala deprecantibus Patronam demonstrare dignatus es, eam pro nobis æterna cœli gaudia postulantibus intercedentem exaudias : Et ideò cum Angelis et Archangelis, cum Thronis et Dominationibus, cumque omni militiâ cœlestis exercitûs hymnum gloriæ tuæ canimus, sine fine dicentes : Sanctus, etc.

brions les merveilles que vous avez opérées dans cette Sainte, qui après avoir contribué pendant sa vie à élever cette maison de Sacrifice et de prière, la rend célèbre après sa mort, par l'éclat des miracles qui s'y opèrent. Nous vous conjurons donc, Père Saint, par Jesus-Christ notre Seigneur, que nous ayant donné Geneviève pour ressource dans les calamités temporelles, vous exauciez les prières qu'elle vous adresse pour nous obtenir les biens de l'éternité. C'est pourquoi nous nous unissons aux Anges et aux Archanges, aux Thrônes, aux Dominations et à toute l'armée céleste pour chanter un cantique à votre gloire, en disant sans cesse : Saint, etc.

COMMUNION.

Exultavit cor meum in Domino, et exaltatum est cornu meum in Deo meo : dilatatum est os meum, quia lætata sum in salutari tuo :

Mon cœur a tressailli d'allégresse dans le Seigneur, ma gloire a été relevée par mon Dieu : ma bouche s'est ouverte, parce que j'ai mis ma joie dans le salut qu'il donne : nul n'est Saint comme l'est le Seigneur.

non est sanctus ut est Dominus. 1. *Reg.* 2.

POSTCOMMUNION.

Répandez, Seigneur, dans l'âme de vos serviteurs, qui participent au banquet céleste, cette joie divine, que la bienheureuse Geneviève n'a jamais cherchée qu'en vous, qu'elle y a trouvée et qu'elle communiquoit aux autres, afin que vous prenant comme elle pour notre partage, nous mettions toutes nos délices dans cette nourriture céleste.

Famulis tuis cœlesti mensæ participantibus, Domine, salutarem lætitiæ sensum inspira, quem in te solo bonorum omnium fonte, quæsitum semper et repertum diffundebat virgo Genovefa, ut tibi pariter adhærentes, superno cibo unicè delectemur ; Per Dominum.

A SEXTE.

Ant. 4. *E.* Un enfant.

Ant. 4. *E.* Ecce puer.

CAPITULE. *Sap.* 16.

C'est vous, Seigneur, qui avez la puissance de la vie et de la mort, qui conduisez aux portes de la mort, et en ramenez.

Tu es, Domine, qui vitæ et mortis habes potestatem, et deducis ad portas mortis et reducis.

℟. *Br.* Notre Dieu, * est le Dieu qui a la vertu

℟. *Br.* Deus noster, * Deus salvos faciendi.

* Alleluia, alleluia. Deus. ℣. Et Domini, * Domini exitus mortis, * Alleluia. Gloria. Deus. *Psalm.* 67.

℣. Apud te, Domine, est fons vitæ. ℟. Et in lumine tuo videbimus lumen. *Psal.* 35.

de sauver les Peuples. * Alleluia, alleluia. ℣. Il appartient au Seigneur, au Seigneur suprême de délivrer de la mort. * Alleluia. Gloire. Notre Dieu.

℣. La source de la vie est en vous, Seigneur. ℟. Et nous verrons la lumière dans votre lumière même.

A NONE.

Ant. 7. D. Similis nobis.

Ant. 7. D. Sujette comme nous.

Capitule. *Eccl.* 35.

Oratio humiliantis se nubes penetrabit; et donec propinquet, non consolabitur, et non discedet, donec Altissimus aspiciat : et Dominus non elongabitur.

℟. *Br.* Prætende misericordiam tuam * scientibus te, Domine. * Alleluia, alleluia, ℣. Et justitiam tuam his qui recto sunt cor-

La prière de celle qui s'humilie percera les nuées ; elle ne se consolera point qu'elle n'ait été jusqu'à Dieu, et elle ne se retirera point jusqu'à ce que le Très-Haut la regarde.

℟. *Br.* Etendez votre miséricorde * sur ceux qui vous connaissent, Seigneur, * Alleluia, alleluia. Etendez. ℣. Et votre justice sur ceux

qui ont le cœur droit. *
Alleluia, alleluia. Gloire.
Etendez.

℣. Le Seigneur accom-
plira la volonté de ceux
qui le craignent. ℟. Il
exaucera leurs prières et
les sauvera.

de.* Alleluia. Gloria.
Prætende. *Psal.* 35.

℣. Voluntatem ti-
mentium se faciet Do-
minus. ℟. Et depreca-
tionem eorum exau-
diet, et salvos faciet
eos. *Psal.* 144.

AUX II. VÊPRES.

Ant. 6 *F.* Hæc usque.

PSAUME 109.

Le Seigneur a dit à
mon Seigneur : Asséyez-
vous à ma droite.

Jusqu'à ce que je ré-
duise vos ennemis à vous
servir de marche-pied.

Le Seigneur fera sortir
de Sion le sceptre de vo-
tre puissance : régnez
souverainement au mi-
lieu de vos ennemis.

Toute puissance est à
vous pour l'exercer au
jour de votre force, lorsque vous paraîtrez avec
tout l'éclat de votre sain-
teté, je vous ai engendré
de mon sein avant l'au-
rore.

Le Seigneur l'a juré ,

Dixit Dominus Do-
mino meo : * Sede à
dextris meis.

Donec ponam inimi-
cos tuos * scabellum
pedum tuorum.

Virgam virtutis tuæ
emittet Dominus ex
Sion : * dominare in
medio inimicorum tuo-
rum.

Tecum principium
in die virtutis tuæ in
splendoribus sancto-
rum ; * ex utero ante
lucifer umgenui te.

Juravit Dominus ;

et non pœnitebit eum : * Tu es Sacerdos in æternum secundùm ordinem Melchisedech.

et il ne retractera pas son serment : Vous êtes le Prêtre éternel selon l'ordre de Melchisedech.

Dominus à dextris tuis ; * confregit in die iræ suæ reges.

Le Seigneur est à votre droite : il brisera les rois au jour de sa colère.

Judicabit in nationibus implebit ruinas : * conquassabit capita in terra multorum.

Il jugera les nations, et les détruira ; il brisera sur la terre la tête de plusieurs.

De torrente in viâ bibet : * propterea exaltabit caput.

Il boira dans le chemin de l'eau du torrent, et c'est par-là qu'il élevera sa tête.

Ant. Hæc usque ad annos octoginta quatuor, jejuniis et obsecrationibus serviens nocte ac die ; confitebatur Domino, et loquebatur de illo omnibus. *Luc.* 1.

Ant. Elle vécut jusqu'à quatre-vingt-quatre ans, servant Dieu jour et nuit, dans les jeûnes et les prières ; elle louoit le Seigneur et parloit de lui à tous.

Ant. 2. *D.* Erat.

PSAUME 112

Laudate, pueri, Dominum ; * laudate nomen Domini.

Louez le Seigneur, vous tous qui êtes ses serviteurs ; louez le nom du Seigneur.

Sit nomen Domini benedictum, * ex hoc nunc, et usque in seculum.

Que le nom du Seigneur soit béni depuis le moment présent jusques dans l'éternité.

Que le nom du Seigneur soit loué depuis l'orient jusqu'à l'occident.

Le Seigneur est élevé au-dessus de toutes les nations : sa gloire est élevée au-dessus des cieux.

Qui est semblable au Seigneur notre Dieu, qui s'élève dans ce qu'il y a de plus haut, pour y placer son trône, et qui s'abaisse pour considérer ce qui se passe dans le ciel et sur la terre ?

Qui tire les plus vils de la poussière ; qui fait sortir le pauvre de son fumier,

Pour le placer avec les princes ; avec les princes de son peuple :

Qui donne à celle qui étoit stérile la joie de se voir dans sa maison la mère de plusieurs enfans.

Ant. Elle étoit très-estimée de tout le monde, parce qu'elle avoit une grande crainte du Seigneur.

A solis ortu usque ad occasum * laudabile nomen Domini.

Excelsus super omnes gentes Dominus * et super cœlos gloria ejus.

Quis sicut Dominus Deus noster, qui in altis habitat, * et humilia respicit in cœlo et in terrâ ?

Suscitans à terrâ inopem, * et de stercore erigens pauperem,

Ut collocet eum cum principibus, * cum principibus populi sui :

Qui habitare facit sterilem in domo, * matrem filiorum lætantem.

Ant. Erat in omnibus famosissima, quoniam timebat Dominum valdè. *Judith.* 8.

Ant. 3. *E.* Cum ab infantiâ.

Psaume. 120.

Levavi oculos meos

Je lève les yeux vers

3

in montes, undè veniet auxilium mihi.

Auxilium meum à Domino, * qui fecit cœlum et terram.

Non det in commotionem pedem tuum, * neque dormitet qui custodit te.

Ecce non dormitabit, neque dormiet, * qui custodit Israël.

Dominus custodit te : Dominus protectio tua * super manum dexteram tuam.

Per diem sol non uret te, * neque luna per noctem.

Dominus custodit te ab omni malo : * custodiat animam tuam Dominus.

Dominus custodiat introitum tuum et exitum tuum . * ex hoc, nunc, et usque in seculum.

Ant. Cum ab infantiâ suâ semper Deum timuerit, et Mandata

les montagnes, pour voir d'où viendra mon secours.

Mon secours vient du Seigneur, qui a fait le ciel et la terre.

Il ne permettra point que vos pas soient chancelans : celui qui vous garde ne s'endormira point.

Non, celui qui garde Israël ne s'assoupira point, et ne sera point surpris du sommeil.

C'est le Seigneur qui vous garde : le Seigneur vous couvre de son ombre, et marche à votre droite.

Le Soleil ne vous nuira point pendant le jour, ni la Lune pendant la nuit.

Le Seigneur vous garantira de tout mal ; il gardera votre âme.

Le Seigneur gardera votre entrée et votre sortie, maintenant et à jamais.

Ant. Ayant toujours craint Dieu dès son enfance, et ayant gardé tous ses Commandemens, elle demeura ferme et immobile dans la crainte du Seigneur, rendant grâces à Dieu tous les jours de sa vie.

ejus custodierit, immobilis in Dei timore permansit, agens gratias Deo omnibus diebus. *Tob.* 2.

Ant. 4. E. Defuncta est.

PSAUME. 122

J'élève les yeux vers vous, ô Dieu, qui habitez dans les cieux.

Ad te levavi oculos meos, * qui habitas in cœlis.

Comme les serviteurs tiennent les yeux arrêtés sur la main de leurs maîtres.

Ecce, sicut oculi servorum * in manibus dominorum suorum,

Et les servantes sur celle de leurs maîtresses; aussi nous tenons toujours les yeux arrêtés sur le Seigneur, notre Dieu, jusqu'à ce qu'il ait pitié de nous.

Sicut oculi ancillæ in manibus dominæ suæ; ità oculi nostri ad Dominum Deum nostrum, donec misereatur nostrî.

Ayez pitié de nous, Seigneur, ayez pitié de nous; car il y a long-temps que nous sommes accablés d'injures et de mépris.

Miserere nostri, Domine, miserere nostrî; * quia multùm repleti sumus despectione;

Il y a long-temps que notre âme est l'objet de

Quia multùm repleta est anima nostra :

opprobrium abundan-
tibus, et despectio su-
perbis.

Ant. Defuncta est
ac sepulta, luxitque il-
lam omnis populus;
non fuit qui perturbaret
Israël post mortem ejus
annis multis. *Judit.* 16.

la raillerie des heureux
du siècle, et des insultes
des superbes.

Ant. Elle mourut et
fut ensevelie; tout le
Peuple la pleura : et plusieurs années après sa
mort, il ne se trouva personne qui troublât Israël.

Ant. 5. **C.** Immortalis est.

Psaume. 157.

Confitebor tibi, Do-
mine, in toto corde
meo, * quoniam audisti
verba oris mei.

In conspectu Ange-
lorum psallam tibi : *
adorabo ad templum
sanctum tuum.

Seigneur, je vous ren-
drai grâce de tout mon
cœur, de ce que vous
avez exaucé mes prières.

Je vous chanterai des
cantiques en présence
des Anges : je vous ado-
rerai dans votre saint
temple, je bénirai votre
nom.

Et confitebor nomini
tuo super misericordiâ
tuâ et veritate tuâ; *
quoniam magnificasti
super omne, nomen
sanctum tuum.

In quâcumque die
invocavero te, exaudi
me : * multiplicabis in
animâ meâ virtutem.

Confiteantur tibi,
Domine, omnes reges
terræ; * quia audierunt

Je louerai votre misé-
ricorde et la fidélité de
vos promesses : j'annon-
cerai aux nations que la
gloire de votre saint
nom est infinie.

En quelque tems que
je vous invoque, exau-
cez-moi : donnez à mon
âme de nouvelles forces.

Que tous les rois de
la terre vous louent,
Seigneur; car ils con-

naissent la certitude de vos promesses.

Qu'ils publient votre gloire, en considérant la conduite que vous tenez à l'égard de votre peuple.

Le Seigneur est infiniment élevé : cependant il considère les humbles, et il ne voit que de loin les superbes.

Si je marche au milieu de l'affliction vous me conservez la vie : vous étendrez votre main contre la fureur de mes ennemis, et votre bras tout - puissant me sauvera.

Le Seigneur prendra ma défense : votre miséricorde, Seigneur, est éternelle ; n'abandonnez pas les ouvrages de vos mains.

Ant. Sa mémoire est immortelle, et elle est en honneur devant Dieu et devant les hommes. Elle triomphe et est couronnée pour jamais.

omnia verba oris tui.

Et cantent in viis Domini, * quoniam magna est gloria Domini.

Quoniam excelsus Dominus, et humilia respicit, * et alta à longè cognoscit.

Si ambulavero in medio tribulationis, vivificabis me : * et super iram inimicorum meorum extendisti manum tuam, et salvum me fecit dextera tua.

Dominus retribuet pro me : * Domine, misericordia tua in seculum; opera manuum tuarum ne despicias.

Ant. Immortalis est gloria illius, quoniam et apud Deum nota est et apud homines : in perpetuum coronata triumphat. *Sap.* 4.

CAPITULE. *Judith.* 13.

Béni soit le Seigneur qui a créé le Ciel et la

Benedictus Dominus, qui creavit Cœlum et terram, qui nomen tuum ita magni-ficavit, ut non recedat laus tua de ore hominum qui memores fuerint virtutis Domini in æternum.

terre : car il a rendu votre nom si célèbre, que votre louange ne sortira jamais de la bouche des hommes qui se souviendront éternellement de la puissance du Seigneur.

HYMNE.

Cœlo receptam plaudite cælites,
Quæ vestra nascens gaudia fecerat,
Sponsæ fideli destina-tum
Intrat ovans Genovefa Regnum.

Unissez-vous, esprits célestes à la gloire d'une Vierge dont la naissance fut pour vous un sujet de joie. Geneviève monte aujourd'hui triomphante dans le Royaume destiné aux Épouses fidèles du Roi des Rois.

Dum mens adepto perfruitur Deo,
Tellus verendas exuvias habet :
Non tota discedis, superstes
Ossibus est cinerique virtus.

Pendant que votre âme jouit de Dieu dans le sein du souverain bonheur, illustre Geneviève, la terre conserve vos précieuses dépouilles. Vous ne nous quittez pas toute entière ; vos ossemens et vos cendres conservent une vertu dont nous ressentons les effets.

Procul malorum jussa fugit cohors,
Quacumque votis te Populi colunt.

Les peuples qui vous invoquent trouvent dans votre intercession un puissant remède à leurs maux. Les maladies et la mort même paraissent reconnaître vos lois.

Si nos moissons languissent par la sécheresse, ou qu'elles soient inondées par des pluies qui les font périr, les fidèles accourent à votre tombeau, pleins de confiance au pouvoir que Dieu semble vous avoir donné sur les élémens même.

Du haut du trône où vous êtes élevée, vous voyez le grand Clovis prosterné à vos pieds, vous implorer comme l'appui et le soutien de l'Empire Français.

Hélas, Seigneur, de quels maux et de quelles tempêtes ne sommes-nous pas environnés ! Que d'ennemis cruels nous dressent des embuches ! Faites que notre âme demeure pure et sans tache devant vous, et que notre corps soit victorieux de tous les périls.

Gloire infinie au père

Arcere morbos effice-
    cem,
Atque truci dare jura
    letho.
Te civis ambit, seu
    calamo seges
Arente languet, seu ma-
    dido natat :
Et imbris et solis po-
    tentem
Supplicibus veneratu
    ulnis.

Sublimis arcâ, cer-
    nis ut ad tuos
Sternit recumbens se
    Clodoix pedes :
Tuumque Francis, Di-
    va, poscit
Præsidium columen-
    que rebus.
Heu quot procellæ
    undique cingimur.
Diri quot hostes insi-
    dias parant!
Da corpus invictum
    periclis.
Da niveam sine labe
    mentem.

Laus [illegible] Patri

summaque Filio,
Tibaque compar gloria
Spiritus,
Per quem triumphatrix
refulget
Magnificis Genovefa si-
gnis. Amen.

℣. Omnia ossa mea
dicent :

℟. Domine, quis si-
milis tibi? *Ps. 34.*

gloire infinie au Fils,
gloire infinie au Saint-
Esprit qui fait triom-
pher l'illustre Geneviève
et la rend célébre par
une multitude de pro-
diges. Ainsi-soit-il.

℣. Tous mes os diront,

℟. Seigneur, qui est
semblable à vous?

A MAGNIFICAT.

7. G. *Ant.* Respice
ad preces ejus, Domine
Deus, audi orationem
quam orat coram te, ut
exaudias deprecatio-
nem Populi tui Israël
quodcumque oraverint
in loco isto.

7. G. *Ant.* Ayez égard,
Seigneur mon Dieu,
aux prières de votre ser-
vante, à l'oraison qu'elle
vous offre, afin que vous
exauciez la prière que
votre peuple d'Israël
vous offrira dans ce mê-
me lieu.

L'Oraison comme à Laudes.

A COMPLIES.

Psaumes du Dimanche, le reste comme la veille.

AU SALUT.

℟. Erat timens De-
um, faciens eleemosy-
nas multas Plebi, et
deprecans Deum sem-
per. * Orationes et ele-

℟. Elle était pleine
de la crainte de Dieu,
faisant beaucoup d'au-
mônes au peuples, et
priant Dieu sans cesse.*

Ses prières et ses aumô-
nes sont montées jusqu'à
la présence de Dieu. ỳ.
C'est elle qui prie con-
tinuellement pour le
peuple et pour toute la
ville. Ses prières. gloire.
* Ses prières.

emosynæ ascenderunt
in memoriam in con-
pectu Dei. ỳ. Multum
orat pro Populo et uni-
versâ Civitate : * Ora-
tiones. Gloria. * Ora-
tiones *Act.* 10. 2.
Mach. 15.

HYMNE.

Protectrice puissante
de l'empire Français,
admise maintenant dans
le séjour des Bien-
hureux ; recevez l'hom-
mage des louanges que
nous vous adressons dans
ce jour consacré à votre
fête.

Admissa Regnis Cœ-
litum,
Regni patrona Gallici.
Quas luce festa pan-
gimus
Benigna laudes suscipe.

Le Ciel applaudit à
votre naissance : un
grand Prélat vous con-
sacre à Dieu dès le bas
âge : cet enfant, dit-il,
sera un jour la ressource
et la gloire de sa Patrie.

Plaudit polus dum
nasceris,
Prœsul puellam con-
secrat :
Futura, dixit, hæc sua
Salus, decusque Patriæ.

Assidue dans le temple
vous servez de modèle
et de guide à vos chastes
compagnes, qui s'em-
pressent de marcher sur
vos pas,

Dum Templa lustras:
et manu
Gestas micante lampa-
dem,
Castæ Sodales æmuli.
Ducem sequuntur pas-
sibus.

Redoutable à l'enfer,
vous commandez aux

Orco tremenda dæ-
mones

Potente nutu dissipas,
Pulsos et ægro corpore
In ima trudis tartara.

Ne morte sontes exi-
mas
Rex urbis occludit
fores;
Oras, patescunt ostia
Vitam reis rex annuit.

Læsi flagellum nu-
minis
Per te fugatur Attila,
Per te fames, morbi,
dolor,
Lues, egestas exulant.
O sponse Jesu virgi-
num,
De matre nascens vir-
gine,
Cum patre, cumque
Spiritu,
Jugis tibi sit gloria.
Amen.

démons avec empire, et
bientôt sortant des corps
des possédés, ils fuient
vers leurs ténébreuses
demeures.

Dans la crainte que
vous n'arrachiez les cou-
pables au suplice, le
Roi fait fermer les portes
de la ville. Vous priez,
les portes s'ouvrent, et
le Prince vous accorde
leur grâce.

Attila le fleau de Dieu
irrité tremble devant
vous : la famine, les
maladies, la peste, l'in-
digence fuyent à votre
aspect.

Jesus fils d'une mère
vierge et époux des
vierges, gloire immor-
telle vous soit rendue,
avec le Père et le Saint-
Esprit. Amen.

Domine, salvum fac Regem, *trois fois, avec*
Gloria Patri.

Ant. Deus memine-
rit Testamenti sui, et
faciat pacem, nec dese-
rat in tempore malo.
2. *Mach.* 1.

Ant. Que Dieu se res-
souvienne de son al-
liance, qu'il nous donne
la paix, et ne nous aban-
donne pas dans le tems
mauvais.

℣. Recevez favorablement nos très-humbles supplications. ℟. Et priez le Seigneur notre Dieu pour nous.

Prions.

Nous vous supplions, Seigneur , à la fin de cette journée, de ne pas permettre que dans la nuit obscure de ce siècle, nous manquions de cette huile de la charité, dont Geneviève cette vierge prudente a orné sa lampe , dont l'éclat s'est répandu par tout et en tout tems , par J. C.

℣. Cadat oratio nostra in conspectu tuo. ℟. Et ora pro nobis ad Dominum Deum. *Jerem.* 42.

Oremus.

Inclinatâ Jam die , te supplices, Domine, deprecamur, ne in caliginosâ hujus seculi nocte desit nobis oleum caritatis, quo prudentis virginis Genovefæ lampas semper et ubique resplenduit: Per Christum.

LE DIMANCHE DANS L'OCTAVE

DE SAINTE GENEVIÈVE.

S'il tombe le 4 ou le 5 Janvier, l'Office comme au jour de la fête, ôtant le rit annuel. Les Psaumes du Dimanche à tout l'Office.

LE IV. JANVIER.

AU SALUT.

℟. Un grand Roi est venu pour prendre la ville ; * une fille pauvre, mais sage , la délivra par sa sagesse. † La sa-

℟. Venit contra civitatem Rex magnus ; * Pauper et sapiens liberavit urbem per sapientiam suam. † melior est sapientia quam arma bellica. ℣. Infirma mundi elegit Deus ut confundat fortia. * Pauper. Gloria. ✝ Melior est. *Repetitur* Venit. *Eccl.* 9. 1. *Cor.* 1.

gesse vaut mieux que les armes des Gens de guerre. ℣. Dieu a choisi les faibles selon le monde, pour confondre les puissans. * Une fille pauvre. Gloire au Père. ✝ La sagesse. *On répète*, un grand Roi.

PROSE.

En ades ad nuptias
Inter agni socias,
Genovefa, virgines.

Accourez, Geneviève, aux noces de l'Agneau, avec les vierges, vos compagnes.

Citò sponsum habuit
Cor infantis rapuit
Pulcher inter homines

Le plus beau des enfans des hommes eut bientôt charmé son cœur; et dès l'enfance elle ne voulut que lui pour époux.

Non nites monilibus:
Omnis è virtutibus
Est ab intùs gloria.

Vous ne cherchez point à briller par de vains ornemens; mais vous mettez toute votre gloire dans la vertu dont votre âme est richement ornée.

Corpus ornat castitas :
Ditat mentem caritas :
Dos est sponsi gratia.

La chasteté orne son corps, la charité enrichit son âme, la grâce de J. C. fait toute sa dot

Deo teste, latuit,
Et volente claruit,

Cachée au monde, elle ne veut être connue que de Dieu; sortant de l'obscurité par son ordre, elle devient célèbre dans tout l'univers.

Procul nota populis.

O vous la première des villes, dites-nous quelle ressource vous trouvez dans Geneviève, par quels miracles elle vous protége.

Urbs ô princeps urbium,
Dic quod dat præsidium,
Dic quot stas miraculis.

Ramener l'abondance, mettre en fuite nos ennemis ; c'étaient les merveilles qu'elle opérait pendant sa vie.

Splendidam in panibus,
Fortiorem hostibus,
Sensimus dum viveret.

Toujours vivante dans ses cendres froides et sans vie, sa protection nous suit dans les plus grands revers.

Vigil in cineribus
mœstis nos in casibus,
Tutrix nunquàm deseret.

A sa prière, Seigneur, et par votre ordre, s'arrête une maladie qui faisait les plus cruels ravages.

Hâc orante virgine,
Te jubente, Domine,
Stetit plaga sæviens.

Maintenant, que cette fièvre ardente est éteinte, faites qu'une éternelle paix règne dans nos cœurs. Amen.

Nunc extinctis febribus,
Jube pax sit cordibus,
Pax nunquàm deficiens. Amen.

℣. Seigneur, sauvez, etc. *comme hier.*

℣. Domine, salvum, etc. *Ut heri.*

LE V. JANVIER.

AU SALUT.

℟. Dieu faisait des miracles extraordinaires

℟. Virtutes non quaslibet faciebat Deus per

manum (ejus); itá ut etiam super languidos deferrentur à corpore ejus sudaria, et semicinctia. * Et ✝ recedebant languores, et spiritus nequam egrediebantur. ℣. In hoc ostendisti, Domine, quia tu es qui liberas ab omni malo ; misericordia tua adveniens sanabat illos. * Et recedebant. Gloria. ✝ recedebant. *Repetitur,* ℞. Virtutes. *Act.* 19. *Sap.* 16.

par ses mains ; jusqueslà même que les mouchoirs et les linges qui avaient touché à son cops étaient appliqués aux malades , * et ✝ ils étaient guéris de leurs maladies, et les esprits malins sortaient des corps des possédés. ℣. Vous avez fait voir, Seigneur, en cette rencontre, que c'est vous qui délivrez de tout mal , et votre miséricorde survenant les a guéris. * Et ils étaient guéris. Gloire. ✝ Ils étaient. *On répète* ℞. Dieu.

PROSE.

Tuæ nutu clementiæ,
Deus , creantur homines;
Tuæ Reges potentiæ
Vivæ spirant imagines.

Tu prima majestas præis;
Illi majestas altera
Honore tuos præcipis
Coli Christos et operâ.
A te potestas oritur,
Quisquis rebellis Regibus,

Tous les hommes , Seigneur, sont produits par le souffle de votre bouté créatrice , mais les Rois sont les images vivantes de votre puissance.

Vous êtes la première majesté, eux la seconde: ils sont vos oints, à qui l'honneur et les hommages sont dus.

Leur puissance vient de vous seul : c'est être

rebel à vos lois que de se révolter contre eux.

Mais en honorant votre Souveraineté dans celle des Rois, quels avantages ne trouvons-nous pas dans notre obéissance ?

Vous vous déclarez le Protecteur des lis : vous préservez notre Roi de la mort ; quelles actions de grâces pourra vous rendre la France pour un si grand bienfait ?

Arbitre de la vie et de la mort, vous la donnez et vous l'ôtez comme il vous plaît, vous conduisez aux portes du tombeau, et votre puissance en ramène.

La France pâlit à la vue du danger qui menace son Roi : mais un miracle de votre main toute-puissante rendit à ses vœux une tête si chère.

Vous vous laissâtes toucher par la tendresse de Geneviève pour nous;

Palàm tuis convincitur
Rebellis quoque legibus.

Regnantùm in Dominio,
Dum proni tuum colimus,
Eo fit quot obsequio,
Quam dulces fructus capimus !
Nostra tu foves lilia :
Regem servas à funere,
Quas tanto memor Gallia
Solvat grates pro munere !

Vitæ, mortis et arbiter,
Vitam donas et adimis :
Ducis ad orcum, pariter
Ab orco potens redimis.
Dum principis periculo
Gallus tremens expalluit,
Dextræ tuæ miraculo
Tam carum caput debuit.
In nos, Genovefæ pia,
Ultrò te flexit caritas :

Audis patronam : tris-
tia
Procul fugat hilaritas.
  Velut pupillam oculi
Hunc ames, virgo te-
gere,
Cui vel de nostris æ-
muli
Amemus annos addere.
  Magnum quæ Re-
gem doceant,
Tu Ludovici solio
Virtutes fac assideant,
Præluceant consilio.

  Christi curet pro-
tendere
Passim quà regnat glo-
riam,
Deo subjectum vivere
Veram putet præstan-
tiam.
  Ædem, sæcli prodi-
gium,
Augustam luxu regio
Tibi ponit. In præ-
mium
Poli gestiat atrio.

  At laus et amor Gal-
liæ
Serus in Cœlum re-
deat;
Paxque, comes justi-
tiæ

elle vous prie : vous l'é-
coutez, et bientôt la tris-
tesse fait place à la joie.

Vierge sainte, proté-
gez-le comme la pru-
nelle de l'œil; et que
Dieu retranche des an-
nées de notre vie pour
ajouter à la sienne.

Que par votre inter-
cession toutes les vertus
qui font les grands Rois
soient son cortége,
qu'elles président à ses
conseils.

Qu'il mette tous ses
soins à étendre la gloire
de l'empire de Jésus-
Christ, qu'il regarde
comme la vraie souve-
raineté de vivre dans la
dépendance de Dieu.

Que le temple qu'il
vous élève avec la mag-
nificence digne d'un Roi,
et qui doit être le pro-
dige de son siècle, soit
pour lui un titre pour
être reçu dans le temple
céleste.

Qu'il n'aille y jouir
des biens éternels qu'a-
près avoir été long-tems
la gloire et l'amour de
la France : que la paix,
compagne de la justice,

seconde toujours ses vœux.

Enfin que par ses prières nous obtenions une vie tranquille consacrée à la piété, et à chanter, ô mon Dieu, incessamment vos louanges. Amen.

Hujus ad vota floreat.

Ut pietati deditam
Ducamus vitam placidi,
Tibique , Deus , debitam
Pendamus laudem fervidi. Amen.

Le reste comme hier et avant-hier.

LE VI. JANVIER.

L'office de l'Epiphanie, avec mémoire de Ste. Geneviève, à Laudes et à Vêpres.

Au salut.

R̂. Elle a travaillé avec des mains intelligentes : elle a été comme le vaisseau d'un marchand qui apporte le pain de loin. Elle s'est levée de nuit, a ceint ses reins de force, et a affermi son bras. Sa lampe ne s'éteindra point pendant la nuit.* Elle a ouvert sa main à l'indigent, et elle a étendu ses bras vers le pauvre. ₡. Que ses œuvres soient manifestées, parce qu'elles sont faites en Dieu. * Elle a ouvert. Gloire.* Elle a ouvert.

R̂. Operata est consilio manuum suarum ; facta est quasi navis institoris de longè portans panem ; et de nocte surrexit, accinxit fortitudine lumbos suos, et roboravit brachium suum : non extinguetur in nocte lucerna ejus. * Manum suam aperuit inopi, et palmas suas extendit ad Pauperem. ₡. Manifestentur opera ejus, quia in Deo sunt facta.* Manum. Gloria. * Manum. *Prov.* 31. *Jean* 3.

Prose : Virgo decus Patriæ, *comme à la messe, p.* 15.

LE VII. JANVIER.

Au salut.

℟. Esuriente terrâ, clamavit populus alimenta petens : crescebat autem quotidiè fames : * Aperuitque universa horrea, omnesque veniebant ut malum inopiæ temperarent. ℣. Dixit ad illos : pusillæ fidei, nolite quærere quid manducetis aut quid bibatis : pater vester scit quoniam his indigetis. * Aperuit. Gloria. * Aperuit. *Gen.* 41. *Luc.* 12.

℟. Le peuple étant pressé de la famine cria, demandant de quoi vivre. La famine croissait tous les jours. * Elle fit ouvrir tous les greniers, et on venoit de tous côtés pour trouver quelques soulagemens à la rigueur de la famine. ℣. Elle leur dit : hommes de peu de foi, ne vous mettez point en peine de ce que vous aurez à manger ou à boire : votre père sait que vous avez besoin de ces choses. * Elle fit ouvrir. Gloire. * Elle fit ouvrir.

Hymne : *Cælo receptam.* p. 29

LE VIII. JANVIER.

Au salut.

℟. Deus custodiebat

℟. Dieu lui-même me

gardait; sa lampe luisait sur ma tête, et je marchais à sa lumière.*Dans les jours de ma jeunesse, Dieu habitait en secret dans ma maison, et le Tout-Puissant était avec moi. ℣. J'habiterai en eux, dit **le Seigneur**, je m'y promenerai.* Dans les jours. Gloire.* Dans les jours.

me, splendebat lucerna ejus super caput meum, et ad lumen ejus ambulabam. * In diebus adolescentiæ meæ (secretò) Deus erat in tabernaculo meo, erat omnipotens mecum. ℣. Dicit Dominus quoniam inhabitabo in illis, et inambulabo inter illos. * In diebus. Gloria. * In diebus. *Job.* 29. 2. *Cor.* 6.

La prose, En ades, *comme au IV janvier, le reste à l'ordinaire.*

LE IX. JANVIER.

Les Vêpres solennelles du jour de l'Octave, tout commes aux premières Vêpres de la Fête. L'oraison plus bas à Laudes. Mémoire de l'Epiphanie seulement; à Complies comme le deux, avec la doxologie qui y est marquée.

AU SALUT.

℟. Ses lampes sont des lampes de feu et de flammes ; * les grandes eaux n'ont pu éteindre sa charité, et les fleuves n'auront pas la force de l'étouffer.

℟. Lampades ejus, lampades ignis atque flammarum, * aquæ multæ non potuerunt extinguere caritatem, nec flumina obruent illam. ℣. Neque mors, neque vita, neque instantia, neque futura, neque creatura alia poterit separare à caritate Dei. * Aquæ multæ. *Cant. 8. Rom. 8.*

℣. Ni la mort, ni la vie, ni les choses présentes, ni les futures, ni toute autre créature ne nous pourra séparer de l'amour de Dieu. * Les grandes eaux. Gloire. * Les grandes eaux.

L'hymne Gallicæ custos, *comme à Laudes de la fête; le reste à l'ordinaire.*

LE X. JANVIER.

La fête de la manifestation des reliques de Sainte Geneviève; et l'octave de la fête.

Psaumes de la Ferie à tout l'office; le reste comme au jour de la fête, (ôtant le rit annuel,) excepté ce qui suit.

A LAUDES.

Oratio.

Deus veritatis, qui nos beatæ Virginis Genovefæ præsentiâ muniri hodiernâ die declarâsti ; supplices rogamus, ut ejus suffragiis tua nobis semper misericordia

Prions.

Dieu de vérité qui avez fait connaître en ce jour que nous possédions les reliques de Geneviève pour nous protéger, nous vous supplions de nous accorder, par son intercession, le

secours continuel de vo-
tre miséricorde. Par No-
tre Seigneur.

succurrat. Per Domi-
num.

AUX II. VÊPRES.

A MAGNIFICAT.

6. F. *Ant.* Elle est
l'appui de sa famille , la
protection de son peu-
ple : ses os ont été con-
servés avec soin , et ont
prophétisé aprèssa mort.

6. F. *Ant.* Est fir-
mamentum gentis, sta-
bilimentum populi :
ossa ipsius visitata sunt,
et post mortem prophe-
taverunt. *Eccli.* 49.

L'oraison comme à Laudes.

Mémoire de l'Epiphanie. Complies comme hier.

AU SALUT.

℞. Ils souffroient la
faim et la soif, ils crièrent au Seigneur, qui
les tira par sa puissance
de l'extrémité où ils se
trouvaient : il rompit
leurs liens ; il les retira
de la voie de leurs ini-
quités, et les délivra de
la mort.* Louez le Sei-
gneur, parce qu'il est
bon, †Parce que sa misé-
ricorde est éternelle.
℣. Je rends grâces à
mon Dieu , et je ne fais

℞. Esurientes et si-
tientes clamaverunt ad
Dominum, et de neces-
sitatibus eorum libera-
vit eos : vincula filio-
rum hominum disrupit,
suscepit eos de viâ
iniquitatis eorum, et
eripuit eos de inte-
ritionibus eorum. *
Confitemini illi quo-
niàm bonus, †Quoniàm
in seculum misericor-
dia ejus. ℣. Gratias ago
Deo meo semper in

cunctis orationibus meis pro omnibus vobis cum gaudio deprecationem faciens. *Confitemini. Gloria. †Quoniam. *Repetitur.* ℞. Esurientes.

jamais de prières que je ne prie pour vous, ressentant une grande joie. * Louez le Seigneur. Gloire. † Parce que. *On répète le* ℞. Ils souffraient, etc.

L'hymne Admissa, *comme au Salut du jour de la Fête. Ant.* Respice, *comme à Magnificat; et le reste, comme au jour de la Fête.*

Oratio.

Prions.

Prosit famulis tuis, Domine, repetita beatæ Genovefæ solemnitas, ut prudentis illius Virginis laudatores non otiosi, cum lucernis bonorum operum oleo semper ardentibus, procedamus obviam Domino nostro Jesu Christo. Qui tecum vivit et regnat Deus.

Seigneur, que la fête de sainte Geneviève dont nous réitérons la solemnité, soit utile à vos serviteurs : et faites que ne nous contentant pas de louer cette Vierge prudente, sans l'imiter, nous allions avec des lampes pleines de l'huile des bonnes œuvres, au-devant de J.-C. N. S. qui étant Dieu. Amen.

Si l'octave de Sainte Geneviève tombe le samedi; on chante au Salut :

℞. Non sit extrinsecùs circumdatio auri aut indumenti vestimentorum cultus; sed absconditus cordis homo * In incorruptibilitate quieti et modesti

℞. Ne mettez point votre attachement à vous parer au-dehors par les ornemens d'or et par la beauté des habits : mais à parer l'Homme invisible caché dans le cœur *

par la pureté incorrup- | spiritûs. ℣. Fallax gra-
tible d'un esprit plein de | tia, et vana est pul-
douceur. ℣. La grâce est | chritudo; omnis gloria
trompeuse et la beauté | filiæ Regis ab intùs *
est vaine : toute la gloire | In incorruptibilitate...
de celle qui est la fille | Gloria. * In incorrup-
du Roi lui vient du de- | tibilitate. 1. *Petr.* 3.
dans * Par la pureté. | *Prov.* 31. *Psal.* 44.
Gloire.* Par la pureté.

Ensuite la prose Virgo decus Patriæ *, comme au*
VI. janvier. pag. 15.
℣. Domine salvum, *et alors le Salut marqué pour*
l'Octave, se chante le Dimanche XI. *janvier.*

LITANIES

DE SAINTE GENEVIÈVE.

SEIGNEUR, ayez pitié de nous.

KYRIE, eleison.

Christ, ayez pitié de nous.

Christe, eleison.

Christ, écoutez nous.

Christe audi nos.

Christ, exaucez-nous.

Christe, exaudi nos.

Père céleste, qui êtes Dieu, ayez pitié de nous.

Pater de cœlis, Deus, miserere nobis.

Fils rédempteur du monde, qui êtes Dieu; ayez.

Fili redemptor mundi, Deus; miserere.

Esprit Saint, qui êtes Dieu; ayez.

Spiritus sancte, Deus; miserere nobis.

Sancta Trinitas, unus Deus; miserere nobis.

Trinité sainte, qui êtes un seul Dieu; ayez.

Pater misericordiarum, et Deus totius consolationis, * ad te levamus oculos nostros; miserere nobis.

Père des miséricordes, et Dieu de toutes consolation, nous levons les yeux vers vous; ayez pitié de nous.

Oculi nostri ad te Dominum Deum nostrum * donec miserearis nostrî ; miserere nobis.

Nos yeux resteront fixés sur vous, qui êtes notre Seigneur et notre Dieu; et ils ne vous quitteront pas que nous ne vous ayons touché de compassion; ayez pitié de nous.

Deus, qui non vis mortem peccatoris, * sed magis ut convertatur et vivat; miserere nobis.

Dieu qui, ne voulez pas la mort du pécheur, mais plutôt qu'il se convertisse, et qu'il vive ; ayez pitié.

Deus, qui Noe diluvio et impiorum exitio * per arcam clementer eripuisti ; miserere nobis. *Gen.*

Dieu qui, par le moyen de l'arche, avez préservé Noé du déluge et de la malheureuse fin des impies; ayez.

Deus, qui populum Israel de tribulatione ad te clamantem, * e durâ captivitate liberasti ; miserere nobis. *Exod.* 14.

Dieu qui, touché des cris que, dans son affliction, poussa vers vous le peuple d'Israël, l'avez délivré d'une dure captivité; ayez pitié.

Deus, qui Jonam, ex ventre ceti * ad te clamantem salvâsti; miserere. *Jon.*2.

Dieu, qui avez sauvé de la mort le prophète Jonas qui, du ventre de la baleine, a crié vers vous; ayez pitié.

Dieu, qui avez épargné les Ninivites, parce qu'à votre voix ils ont fait pénitence dans le jeûne, dans le sac et le cilice; ayez pitié.

Dieu, qui avez remis à David son péché en considération de l'aveu et de la pénitence qu'il en fit; ayez pitié.

Dieu, qui avez accueilli les publicains et les pécheurs, et qui leur avez pardonné; ayez.

Dieu, qui avez exaucé avec bonté la Chananéenne à cause de la persévérance qu'elle a mise à vous prier; ayez pitié de nous.

Dieu qui, par l'exemple touchant de l'enfant prodigue revenant à son père et reçu par lui, inspirez aux pécheurs l'espérance du pardon; ayez pitié.

Dieu, qui aimez tous vos ouvrages, et qui ne haïssez rien de ce que vous avez fait; ayez pitié de nous.

Dieu, qui ne voulez la la mort de personne, mais que tous revien-

Deus qui, Ninivitis in jejunio, sacco et cilicio * pœnitentibus, pepercisti; miserere nobis. *Joan.* 3.

Deus qui Davidis confitentis, et in cilicio pœnitentis, * peccatum transtulisti; miserere. *L. 2 Reg.* 12.

Deus, qui publicanos et peccatores * recepisti et absolvisti; miserere nobis.

Deus, qui Chananæam in oratione perseverantem * benigne exaudisti; miserere nobis. *Math.* 15.

Deus qui, filii prodigi ad patrem revertentis exemplo * spem veniæ peccatoribus tribuisti; miserere nobis. *Luc.* 15.

Deus, qui diligis omnia quæ sunt, * et nihil odisti eorum quæ fecisti; miserere nobis. *Sap.* 11.

Deus qui non vis aliquos perire, * sed omnes ad pœniten-

tiam reverti ; mise-rere nobis. 2 *Pet.* 3.	nent à vous par la pé-nitence ; ayez pitié.
Deus , qui infirmos sa-nâsti , * et mortuos suscitasti ; miserere.	Dieu, qui avez guéri les malades et ressuscité les morts; ayez pitié.
Deus , qui , misertus super multitudinem esurientem , * eam mirabiliter in de-serto saturasti ; mise-rere nobis. *Joan.* 6.	Dieu qui, touché de com-passion pour une mul-titude qui était pres-sée par la faim l'avez miraculeusement ras-sasiée dans le désert ; ayez pitié de nous.
Deus , qui benignitate tuâ * nos ad pœni-tentiam adducis ; mi-serere nobis. *Rom.* 2.	Dieu, qui par votre infi-nie bonté nous ame-nez à faire pénitence; ayez pitié de nous.
Deus fortis , faciens mirabilia , * qui re-demisti in brachio tuo populum tuum ; miserere nobis.	Dieu fort, qui faites des prodiges, et qui par la force de votre bras avez délivré votre peu-ple ; ayez pitié.
Deus, benigne, miseri-cors patiens, * et mul-tæ misericordiæ ; mi-serere nobis. *Joel.* 2.	Dieu bon , miséricor-dieux, patient, et dont la miséricorde est infi-niment grande; ayez.
Sancta Maria , ora pro nobis.	Sainte Marie, priez pour nous.
Sancte Petre, ora.	Saint pierre, priez.
Sancte Paule, ora.	Saint Paul, priez.
Sancte Stephane, ora.	Saint Etienne, priez.
Sancte Dionysi cum so-ciis tuis, ora.	Saint Denys avec vos compagnons, priez.
Sancte Ceraune,	Saint Céran, priez.
Sancte Marcelle ,	Saint Marcel, priez.
Sancte Augustine,	Saint Augustin, priez.
Sancte Ludovice ,	Saint Louis, priez.

Saint Guillaume, priez. — Sancte Guillelme, ora.

Sainte Aude, priez. — Sancta Alda, ora.

Sainte Clotilde, priez. — Sancta Clotildis ; ora.

Sainte Geneviève, priez. — Sancta Genovefa, ora.

Pour que nous ne nous conformions point au siècle présent, mais qu'il se fasse en nous une transformation par le renouvellement de notre esprit; sainte Geneviève intercédez pour nous. — Ut non conformemur huic seculo, * sed reformemur in novitate sensûs nostri, Sta. Genovefa, intercede pro nobis. *Rom.* 12.

Pour que, renonçant à l'impieté et aux passions mondaines, nous vivions avec tempérance, justice et piété, sainte Genev. — Ut abnegantes impietatem et secularia desideraria, * sobriè, justè et piè vivamus, Sta. Genov. *Tit.* 2.

Pour que, de même que nous avons fait servir nos corps à l'iniquité, nous les fassions désormais servir aux œuvres de justice, Ste. Genev. — Ut sicut exibuimus membra nostra servire iniquitati * sic ea nunc exhibeamus servire justitiæ, Sta. Genov.

Pour que le péché ne règne plus dans notre corps mortel, et que nous ne fassions plus servir nos membres à l'iniquité, Ste. Genev. — Ut non regnet peccatum in mortali nostro corpore, * et non exhibeamus membra nostra arma iniquitatis, Sta. Genovefa. *Rom.* 6.

Pour que, nous jetant avec confiance aux pieds du trône de la — Ut adeuntes ad thronum gratiæ cum fiduciâ * misericordiam consequamur , Sta. Gen. *Hebr.* 4.

Ut per hujus sæculi tribulationes * in regnum Dei introire mereamur , Sancta Genov. *Act.* 14.

Ut Deus salutaris noster * avertat iram suam à nobis , Sta. Genov. *Ps.* 84.

Ut non secundùm peccata nostra faciat nobis * neque secundùm iniquitates nostras retribuat nobis , Sta. Genov.

Ut Deus illuminet vultum suum super nos * et misereatur nostri, Sta. Genov. *Ps.* 66.

Ut non obliviscatur, miserere nostri, * nec contineat in irà suà misericordias suas , Sta. Genov.

grâce, nous obtenions miséricorde , Sainte Genev.

Pour que, par les tribulations de cette vie , nous méritions d'entrer dans le royaume de Dieu, Ste. Genev.

Pour que Dieu , notre Sauveur , daigne détourner sa colère de dessus nous, Sainte Genev.

Pour qu'il ne nous traite pas selon nos péchés , et qu'il ne nous rende pas selon nos iniquités, Ste. Genev.

Pour que le Seigneur répande sur nous la lumière de son visage, et qu'il fasse éclater sur nous sa miséricorde Ste. Genev.

Pour qu'il n'oublie point d'avoir pitié de nous, et que dans sa colère il n'arrête plus ses miséricordes, Ste. Genev.

Pour quelque nécessité que ce soit, on dit le suivant trois fois.

Ut cùm tribulationes nostræ multiplicatæ

Pour que nos tribulations se multipliant .

il daigne venir à notre secours et nous délivre de nos malheurs, Ste. Genev.

sint, * de necessitatibus nostris eruat nos. Sta. Genov.

En tems de famine, on dit le suivant trois fois :

Pour qu'il laisse tomber un regard favorable sur ceux qui espèrent en lui, et qu'il nous donne de quoi rassasier notre faim, Ste. Genev.

Et oculi ejus sint super sperantes in eum, * et eruat à morte animas nostras, et alat nos in fame, Sta. Genov. *Ps.* 32.

Pour avoir de la pluie, on dit le suivant trois fois.

Pour qu'il daigne couvrir le ciel de nuages, et faire tomber sur la terre une pluie salutaire, Ste. Genev.

Ut operiat cœlum nubibus * et paret terræ pluviam, Sta. Gen. *Ps.* 146.

Pour la cessation de la pluie, on dit le suivant trois fois.

Pour que, du haut du ciel, il nous tende une main secourable, et qu'il nous sauve de la trop grande abondance des eaux, Sainte Genev.

Ut emittat manum suam de alto, * eripiat, nos et liberet nos de aquis multis, Sta. Genovefa, intercede pro bis.

Pour la conservation des biens de la terre, on dit le suivant trois fois.

Ut fructus terræ dare * et conservare dignetur, Sta. Genov.

Pour qu'il nous donne les fruits de la terre, et qu'il daigne les conserver, Ste Genev.

Ut infirmitates, languores, et omnia morborum genera * à nobis avertat, Sta. Genov.

Pour qu'il nous préserve de toute infirmité, de toute langueur et de toute espèce de maladie, Ste. Genev.

Ut à subitaneâ, improvisâ * et malâ morte nos liberet, Sancta Genov.

Pour qu'il nous préserve d'une mort imprévue, subite et mauvaise, Ste Genev.

Agnus Dei , qui tollis peccata mundi, parce nobis, Domine.

Agneau de Dieu, qui effacez les péchés du monde, épargnez-nous.

Agnus Dei , qui tollis peccata mundi, exaudi nos, Domine.

Agneau de Dieu, qui effacez les péchés du monde, exaucez-nous.

Agnus Dei , qui tollis peccata mundi, miserere nobis.

Agneau de Dieu, qui effacez les péchés du monde, ayez pitié de nous.

www.ingramcontent.com/pod-product-compliance
Lightning Source LLC
LaVergne TN
LVHW021809170726
843503LV00007B/3118